RATUS POCHE

COLLECTION DIRIGÉE PAR JEANINE ET JEAN GUION

❧

Les parapluies de Mamie Ratus

Dans la série « Les aventures du rat vert » :

- Le robot de Ratus
- Les champignons de Ratus
- Ratus raconte ses vacances
- Le cadeau de Mamie Ratus
- Ratus et la télévision
- Ratus se déguise
- Les mensonges de Ratus
- Ratus écrit un livre
- L'anniversaire de Ratus
- Ratus à l'école du cirque
- Ratus va chez le coiffeur
- Ratus et les lapins
- Les parapluies de Mamie Ratus
- La visite de Mamie Ratus
- Ratus aux sports d'hiver
- Ratus pique-nique
- Ratus sur la route des vacances
- Les fantômes de Mamie Ratus
- La classe de Ratus part en voyage
- Ratus en safari
- Ratus et l'étrange maîtresse

© Hatier Paris 1991, ISSN 1259 4652, ISBN 2-218 05655-5

Les parapluies de Mamie Ratus

Une histoire de Jeanine et Jean Guion
illustrée par Olivier Vogel

HATIER

LES PERSONNAGES DE L'HISTOIRE

Ratus l'affreux rat vert

Mamie Ratus
la grand-mère

Marou et Mina qui aiment
rire et jouer

Belo le grand-père chat
Victor son vieil ami

Ce jour-là, Ratus est installé dans sa chaise longue, à côté de son cactus. Les yeux fermés, il boit du sirop en écoutant Radio Ville-Ratus d'une oreille distraite. 1 Brutalement, la musique douce est interrompue par les trompettes des 2 informations.

– Dernières nouvelles ! annonce un journaliste. Un chauffeur de taxi vient d'être assommé à coups de parapluie par un inconnu, à la sortie de la gare. Deux hommes voulaient s'interposer. Ils ont 3 aussi été frappés. Tous les trois ont été transportés à l'hôpital.

Que dit Ratus à Marou et à Mina ?

La musique reprend. Ratus avale une gorgée de sirop. Soudain, les trompettes des mauvaises nouvelles le font à nouveau sursauter.

– Il se passe des événements graves à 4 Ville-Ratus.

Sans écouter davantage, le rat vert se lève d'un bond. Il prend son poste, grimpe sur son mur et il appelle Marou et Mina.

– Venez vite ! crie le rat vert. Il y a des extra-terrestres très méchants qui sont arrivés à Ville-Ratus.

Marou et Mina abandonnent leurs jeux et 5 s'approchent du mur pour écouter la radio.

Où Marou, Mina et Ratus vont-ils se mettre à l'abri ?

Un journaliste explique :

– L'inconnu qui frappe les habitants de Ville-Ratus se déplace en faisant des moulinets avec un instrument qui ressemble à un parapluie. C'est peut-être une hélice ou un rayon laser tournant…

– Vous voyez, ce sont bien des extra-terrestres ! affirme le rat vert.

– Allons nous cacher ! dit Marou. Victor et Belo sont à la maison. Ils nous protégeront.

– J'y vais aussi ! dit Ratus en sautant de son mur et en courant plus vite que ses amis pour se mettre à l'abri.

Que voient nos amis à la télévision ?

A l'intérieur de la maison, tout le monde s'est assis devant le poste de télévision. Un journaliste interroge un homme qui a un pansement sur la tête.

– Vous êtes le directeur de la Banque Nationale des Rats. Que vous est-il arrivé ?

– J'ai été assommé par une personne étrange qui m'a cassé un parapluie sur la tête.

– Avez-vous eu le temps de dire quelque chose ?

– Même pas ! J'étais en train de dire à ma secrétaire de jeter la vieille machine à écrire à la poubelle...

Qu'est-ce que le chauffeur de taxi a vu ?

14

On voit maintenant un autre journaliste. Il questionne le chauffeur de taxi qui a été attaqué à la gare.

– Est-ce que c'étaient des extra-terrestres ? demande le journaliste.

– Non, non ! répond le blessé. C'était une dame. Elle m'a dit de l'emmener chez Monsieur Belo. C'est là qu'elle s'est mise à me frapper comme une furie avec un parapluie.

Sur l'écran, on voit apparaître des policiers. Ils entourent une vieille dame qui se défend et leur donne des coups de pied.

Qui voit-on à la télévision ?

Une caméra montre la vieille dame en gros plan. 10

– Mais c'est ma grand-mère ! s'écrie Ratus.

Belo décroche le téléphone. Il appelle la police.

– Allô ! Passez-moi le commissaire qui s'occupe des incidents de Ville-Ratus. Je 11 connais la dame que vous venez d'arrêter.

Comme le grand-père chat est gentil, il essaie d'excuser Mamie Ratus :

– Elle a dû rencontrer des gens méchants et se mettre un peu en colère, dit-il.

– Eh bien, si vous la voulez, je vous la donne ! dit le commissaire. Moi, je n'en veux plus.

Dix minutes plus tard, une voiture de la police s'arrête devant le portail de Belo. Mamie Ratus en descend. Elle est encadrée par deux policiers.

– Ah ! Monsieur Belo ! Enfin ! dit Mamie Ratus. Et mon petit ratounet tout vert ! Me voilà revenue chez des gens normaux. C'est affreux : on m'a volé tous mes parapluies.

– Pourquoi avez-vous frappé le chauffeur de taxi ? demande Victor. Que vous avait-il fait ?

– C'est un mal élevé ! dit Mamie Ratus. Quand je lui ai dit de m'emmener chez Monsieur Belo, il m'a demandé où il habitait.

– C'est normal, fait remarquer Marou.

D'après Mamie Ratus,
le chauffeur de taxi
s'est moqué de Belo.
Qu'aurait-il dit ?

Mamie Ratus foudroie Marou du regard. 12
Si les policiers ne lui avaient pas
confisqué ses parapluies, elle lui en 13
aurait bien cassé un sur la tête.

– Comme je ne voulais pas lui donner
l'adresse, il s'est mis à crier. Il m'a dit
qu'il ne pouvait pas connaître tous les
chats de Ville-Ratus. Il a même dit que
son taxi n'allait pas sur les gouttières.
Vous vous rendez compte, Monsieur
Victor ? Traiter Monsieur Belo de chat
de gouttière ! C'est comme s'il m'avait
traitée de rate d'égout !

Le directeur de la banque a parlé d'une vieille machine. Où est-elle ?

22

– Et le directeur de la banque, que vous avait-il fait, lui ? poursuit le gros chien.

– Lui ? Comme je frappais à la porte de son bureau, il est sorti en disant qu'il fallait jeter la vieille machine à la poubelle. Et la vieille machine, c'était sûrement moi ! Vous vous rendez compte ?

– En plus, elle a assommé deux personnes quand elle est sortie du taxi ! fait remarquer un policier.

– Ils se sont rués sur moi. Ils voulaient **14** voler mon sac ! s'énerve Mamie Ratus. C'étaient des bandits. Ils méritaient des coups de parapluie.

Quel dessin correspond à l'histoire ?

24

Mais voilà la télévision qui arrive. Trois caméras sont braquées sur Mamie Ratus. 15 Des journalistes lui tendent des micros et l'interrogent. Mamie Ratus est toute fière. Elle met un peu d'ordre dans sa coiffure et proclame :

– Il y a dans cette ville des gens mal élevés qui n'ont pas été polis avec moi. Je les ai corrigés. Ils ont eu ce qu'ils méritaient. Il faut respecter les vieilles 16 dames !

Un journaliste s'inquiète :

– Mais vous auriez pu rencontrer un homme plus fort que vous et...

Quel sport pratique Mamie Ratus ?

CHAMPIONNAT DU MONDE : C'EST POUR DEMAIN !

MAMIE RATUS

29

BELLE ET MUSCLÉE

30

« LA RATE ET LE DRAGON »
...MBAT DEMAIN

31

Mamie Ratus ne le laisse pas finir.

– Ce n'est pas possible, explique-t-elle. Depuis que je suis à la retraite, je fais du karaté pour m'occuper. La semaine passée, j'ai réussi la dernière épreuve : couper une meule de gruyère d'un seul coup avec la main. 17

Les journalistes ont un sifflement admiratif. Dans les familles, on se regroupe devant le poste de télévision pour suivre les exploits de cette grand-mère peu ordinaire.

Quel est le secret de Mamie Ratus ?

Que fait Belo quand il entend le secret de Mamie Ratus ?

35 Il va s'habiller pour le mariage.

36 Il se sauve et court se cacher.

28

– Pourquoi êtes-vous venue à Ville-Ratus ? demande un journaliste.

– C'est un secret, répond Mamie Ratus, mais je vais vous le dire. Je suis venue pour épouser le plus gentil et le plus beau des chats : Monsieur Belo. Je vais vous le présenter.

Mais Belo a disparu. Victor explique :

– Il est parti en voyage...

– Quel dommage, dit Mamie Ratus en soupirant. Tant pis, je vais l'attendre !

– Il n'en est pas question ! dit sèchement 18 un policier.

Où s'était caché Belo ?

Et les policiers emmènent Mamie Ratus à la gare. De force, ils la mettent dans un train et lui rendent ses parapluies, même ceux qui sont cassés. Puis ils rentrent chez eux en poussant un gros soupir de soulagement. 19

Maintenant, Victor court sur le chemin qui mène au moulin. Marou, Mina et Ratus le suivent.

Arrivé devant le moulin, Victor dit à mi-voix :

– C'est moi. Tu peux sortir, elle est partie.

– Tu en es bien sûr ? demande la voix de Belo.

Et le grand-père chat sort de sa cachette en regardant autour de lui d'un œil inquiet. 20

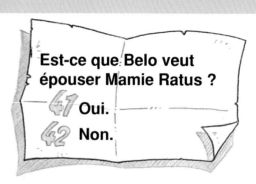

Est-ce que Belo veut épouser Mamie Ratus ?

41 Oui.

42 Non.

Que veut faire Ratus quand il sera grand ?

Tous nos amis marchent sur le chemin du retour. Ratus demande à Belo :

– Alors, tu ne veux pas te marier avec ma grand-mère ?

– Non, dit Belo. Un chat ne peut pas épouser une rate. C'est impossible.

– Et l'inverse, c'est possible ? continue le rat vert. 21

– Pourquoi poses-tu cette question ? demande le grand-père chat, intrigué. 22

– Parce que moi, répond Ratus en rougissant, j'épouserais bien Mina quand je serai grand.

Puis, après un instant de réflexion, Ratus ajoute : 23

– A condition qu'elle ne fasse pas de karaté et qu'elle n'ait pas de parapluies.

1

d'une oreille **distraite**
Il n'écoute pas
vraiment.

2

elle est **interrompue**
Elle est arrêtée.

3

s'interposer
C'est se mettre entre
des personnes pour
empêcher une dispute.

4

des **événements**
C'est ce qui arrive,
ce qui se passe.

5

ils **abandonnent**
Quand on abandonne
un jeu, on s'arrête de
jouer.

6

des **moulinets**
Faire des **moulinets**,
c'est faire tourner très
vite, comme les ailes
d'un moulin.

7

un **rayon laser**
C'est un rayon de
lumière très fin et très
puissant.

8

étrange
Bizarre, curieux, peu
ordinaire.

9

la **secrétaire**
Une **secrétaire** est
une personne qui a
pour métier d'écrire le
courrier, de répondre
au téléphone.

10

en **gros plan**
Filmer en gros plan,
c'est filmer de très près.

11

des **incidents**
Un **incident** est une
petite difficulté.

12

elle le **foudroie** du
regard
Elle le regarde en
montrant qu'elle est
très en colère.

13

confisquer
Prendre ce qui est à
quelqu'un pour le
punir.

14

ils se sont **rués**
Ils se sont mis à courir
et se sont jetés sur
Mamie Ratus.

15

braquées
Des caméras
braquées sur
quelqu'un, ce sont des
caméras tournées vers
quelqu'un pour le
filmer.

16

respecter
On **respecte** : on
admire, on obéit, on
est poli.

17

une **meule** de gruyère

18

il dit **sèchement**
Il n'est pas content.

19

un **soupir de
soulagement**
On pousse un **soupir
de soulagement**
quand on respire fort
en soufflant de l'air
avec sa bouche, parce
que ça va mieux.

20

l'œil inquiet
A son regard, on voit
qu'il a peur.

21

l'inverse
C'est le contraire.

22

intrigué
Il est curieux, il
aimerait bien savoir.

23

un **instant de
réflexion**
Il réfléchit pendant un
moment très court.

1 Ratus va chez le coiffeur
Pour faire plaisir à Mina, Ratus
se fait couper les cheveux.

2 Ratus et les lapins
Ratus fait construire un
immeuble pour
le louer à des lapins.

**3 Les parapluies
de Mamie Ratus**
Les extraterrestres arrivent.
Mais que fait Mamie Ratus
avec ses parapluies ?

4 Ralette et le serpent
Pendant que Ralette était
absente, Raldo s'est fait élire
roi des rats.

**5 Les tourterelles
sont en danger**
Un horrible chasseur veut
tuer les tourterelles !

6 Ralette a disparu
On dit que le boucher
de Ragréou est un ogre.
Et Ralette a disparu…

7 Mon copain le monstre
Il était une fois un monstre
qui mangeait les enfants…

8 La visite de Mamie Ratus
Ratus fait le ménage chez lui !
Pour qui ?

9 Ratus aux sports d'hiver
Ratus veut faire du ski. Tout irait
bien s'il était prudent…

10 Luce et l'abominable pou
Luce la puce vit heureuse dans
les poils d'un chien. Un pou
arrive…

11 Drôle de maîtresse
Une nouvelle maîtresse arrive.
On se souviendra longtemps
de ses leçons…

**12 Le mariage
de l'abominable pou**
L'abominable pou enlève Luce
la jolie puce…

13 Ratus pique-nique
Pique-niquer devrait être une
fête. Mais quand Victor est là,
adieu le calme !

**14 Monsieur Gobille
et la gobillette**
Le nouvel instituteur est
effrayant, surtout lorsqu'il utilise
la gobillette…

**15 Les Vocabul mènent
l'enquête**
Les plans d'une machine
ultramoderne ont été volés.

Maquette Jean Yves Grall, mise en page Joseph Dorly

Imprimé en France par Pollina, 85400 Luçon - n° 83470-B
Dépôt légal n° 18908 - Avril 2001